365 Trostworte

Mein Weg mit dir

Du führst mich am Leid nicht vorbei,
aber du führst mich hindurch.
Und wenn ich durch das finstere Tal gehe
und deine Hand nicht sehe,
so suche ich doch bei dir
meinen Halt und meinen Schutz.

Ich vertraue dir,
auch wenn ich dich nicht verstehe.

365 Trostworte

Ein Begleiter für
die Zeit der Trauer

benno

Ich lasse mich dir.
Tu mit mir, was dir gefällt.
Ich lasse mich dir und möchte lernen,
dies und sonst nichts zu wollen.
Einzig dies, dass dein Wille sich an mir
erfüllt.

Jörg Zink

Mein Gott, mein Gott,
warum hast du mich verlassen,
bist fern meinem Schreien,
den Worten meiner Klage?
Mein Gott, ich rufe bei Tag,
doch du gibst keine Antwort ...

Psalm 22,2-3

1. WOCHE *Klage des Abschieds*

... Ich rufe bei Nacht
und finde doch keine Ruhe.
Dir haben unsre Väter vertraut,
sie haben vertraut,
und du hast sie gerettet.
Zu dir riefen sie und wurden befreit,
dir vertrauten sie
und wurden nicht zuschanden.

Psalm 22,3-6

Klage des Abschieds 1. WOCHE

Klagen sind die größte
Wertschätzung,
die der Himmel empfängt.

Jonathan Swift

1. WOCHE *Klage des Abschieds*

Du hast unseren Garten verlassen,
aber deine Blumen blühen weiter.

Rainer Maria Rilke

Klage des Abschieds 1. WOCHE

Man muss nie verzweifeln, wenn einem etwas verloren geht, ein Mensch oder eine Freude oder ein Glück; es kommt alles noch herrlicher wieder.

Rainer Maria Rilke

Was abfallen muss, fällt ab; was zu uns gehört, bleibt bei uns, denn es geht alles nach Gesetzen vor sich, die größer als unsere Einsicht sind und mit denen wir scheinbar im Widerspruch stehen.

Rainer Maria Rilke

Man muss in sich selber leben und an das ganze Leben denken, an alle seine Millionen Möglichkeiten, Weiten und Zukünfte, dem gegenüber es nichts Vergangenes und Verlorenes gibt.

Rainer Maria Rilke

Wenn wieder jemand, der uns so nah angehört hat, von unserer Seite genommen wird, empfinden wir das Weh der Trennung, jenes Trauergefühl eines enger um uns gezogenen Kreises; es ist uns, als ob die andere Welt uns selbst fühlbar anstoße …

Adolph Kolping

... Indessen, das sichere Bewusstsein, dass die Unsrigen in Frieden bei Gott sind, dass sie darum uns nahe, für uns tätig bleiben, dass die geistigen Bande uns enger als je mit ihnen verbinden, ...

Adolph Kolping

••• dass sie unserer in Herrlichkeit harren zur ewigen und seligen Gemeinschaft, wir mit ihnen für sie und sie für uns beten, bis alles irdische Leid überstanden ist, ist ein so großer Trost, dass er den Schmerz sänftigen muss, der uns beim Verlust überkommt.

Adolph Kolping

Trennung kann man den Tod wohl
nennen,
denn er weiß, wohin wir gehen.
Tod ist nur ein kurzes Trennen
auf ein ew'ges Wiedersehen.

Joseph von Eichendorff

Herr, sei mir gnädig,
denn ich bin schwach;
heile mich, Herr,
denn meine Gebeine sind erschrocken
und meine Seele ist sehr erschrocken.
Ach du, Herr, wie lange!
Wende dich, Herr, und errette mich,
hilf mir um deiner Güte willen.
Ich bin so müde vom Seufzen.

Was kommen soll,
kommt nicht ohne unser Zutun,
aber anders als wir denken.
Der Mensch ist nicht Herr seiner Taten ...

Friedrich Martin von Bodenstedt

2. WOCHE *Der Verlust*

... **W**ie rein unser Wollen auch sein möge: unser Handeln wird bestimmt durch eine Menge Antriebe und Verhältnisse, die außer uns liegen, aber in uns wirken.

Friedrich Martin von Bodenstedt

Es gibt für uns alle
die Zeit des Lebens,
des Lachens und der Freude.
Zum Leben gehört aber auch
die Zeit des Schmerzes,
der Tränen und der Trauer.
Die Liebe besiegt alles.

Vergil

Selig, wenn die Träne rinnt,
dicht wie Regentröpfchen fallen.
Ungeweinte Tränen sind
wohl die schmerzlichsten von allen.

Robert Eduard Prutz

Unerschüttert
bleibt das Herz,
wenngleich Tränen fließen.

Vergil

3. WOCHE *Zeit der Tränen*

An unmöglichen Dingen
soll man selten verzweifeln,
an schweren nie.

Johann Wolfgang von Goethe

Der Tod ist groß. Wir sind die Seinen
lachenden Munds.
Wenn wir uns mitten im Leben meinen,
wagt er zu weinen
mitten in uns.

Rainer Maria Rilke

Lass ruhig fließen
der Tränen Lauf,
die Blumen sprießen
im Regen auf!

Theodor Storm

Tränen
kann man trocknen,
aber das Herz -
niemals.

Margarete von Valois

3. WOCHE *Zeit der Tränen*

Die Seele ist ein Quell,
der sich in Tränen offenbart.
Wer nicht weint, weiß nicht,
dass er eine Seele hat.

Miguel De Unamuno Y Yugo

Zwei zusammen:
Das Schlimmste im Unglück ist,
nicht weinen zu können.

Dominik Buchwald

Du siehst alles
ein bisschen klarer mit Augen,
die geweint haben.

Marie von Ebner-Eschenbach

Die Träne ist die
Sprache der Seele
und die Stimme des Gefühls.

Filippo Pananti

Aufgelöst und gestillt
wird durch Tränen der Schmerz.

Ovid

Weinen öffnet die Lungen,
wäscht das Antlitz,
ist eine gute Übung
für die Augen und besänftigt.
Also weine ruhig.

Charles Dickens

Die härtesten Prüfungen, welche wir
in dieser Welt durchzumachen
haben, sind sicherlich die,
Personen auf immer zu verlieren,
welche uns teuer sind.
Standhaftigkeit, Entschlossenheit,
Vernunft sind nur schwache Stützen
unter so traurigen Umständen, und
wir hören in solchen Augenblicken
nur auf unseren Schmerz.

Friedrich der Große

Unsere Schmerzen
und Verletzungen
sollten wir im Herzen tragen
wie kostbare Edelsteine:
mit Fassung.

Shivani

Weine dich aus im Schmerz!
Dann greif entschlossen zur Arbeit!
Was die Träne nicht löst,
löst dich erquickend,
der Schweiß.

Emanuel Geibel

Der Schmerz ist der
große Lehrer der Menschen.
Unter seinem Hauche
entfalten sich die Seelen.

Marie von Ebner-Eschenbach

5. WOCHE *Zeit des Schmerzes*

Der Schmerz
verleiht dir erst ein Recht,
dem Leben zu gehören.

Otto Roquette

Es gibt nichts, was uns die Abwesenheit eines lieben Menschen ersetzen kann, und man soll das auch gar nicht versuchen; man muss es einfach aushalten und durchhalten; das klingt zunächst sehr hart, aber es ist doch zugleich ein großer Trost; denn indem die Lücke wirklich unausgefüllt bleibt, bleibt man durch sie miteinander verbunden ...

Dietrich Bonhoeffer

... **E**s ist verkehrt, wenn man sagt, Gott füllt die Lücke aus; er füllt sie gar nicht aus, sondern hält sie vielmehr gerade unausgefüllt und hilft uns dadurch, unsere echte Gemeinschaft miteinander – wenn auch unter Schmerzen – zu bewahren.

Dietrich Bonhoeffer

Wenn etwas uns fortgenommen wird,
womit wir tief und wunderbar zusammenhängen, so ist viel von uns selber mit
fortgenommen.
Gott aber will, dass wir uns wiederfinden,
reicher um alles Verlorene und
vermehrt um jenen unendlichen Schmerz.

Rainer Maria Rilke

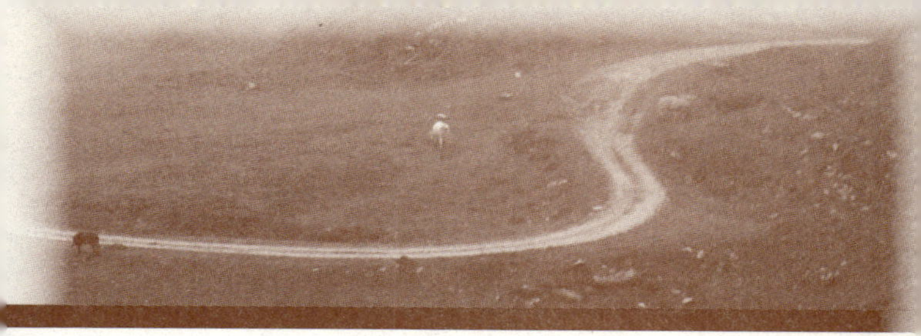

Es ist ein tiefes Loch, eine Wunde,
die immer wieder aufreißen wird.
Schmerz, der niemals heilen wird.
Leere, die niemals zu füllen sein wird.
Trauer, die niemand stillen kann.
Fragen, die niemals beantwortet werden,
doch eine wunderbare Erinnerung,
die uns keiner mehr nehmen kann.

Der Schmerz
kann mich zu Boden werfen,
aber überwältigen
kann er mich nicht!

Friedrich Hölderlin

6. WOCHE *Schmerzvolle Wege*

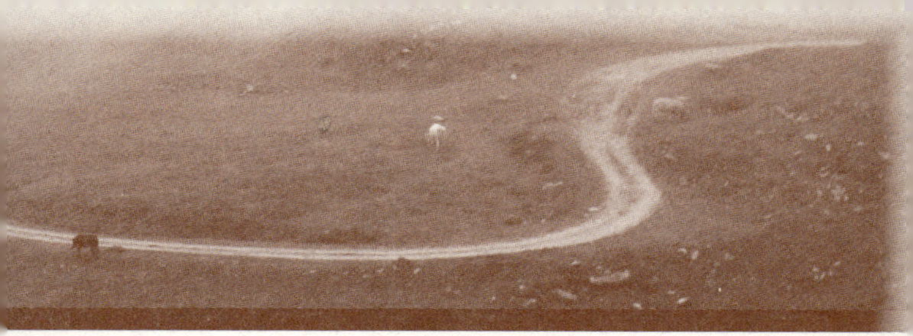

Etwas wünschen und verlangen,
etwas hoffen muss das Herz.
Etwas zu verlieren bangen
und um etwas fühlen Schmerz.

Friedrich Rückert

Schmerz ist der Vater
und Liebe
die Mutter der Weisheit.

Ludwig Börne

6. WOCHE *Schmerzvolle Wege*

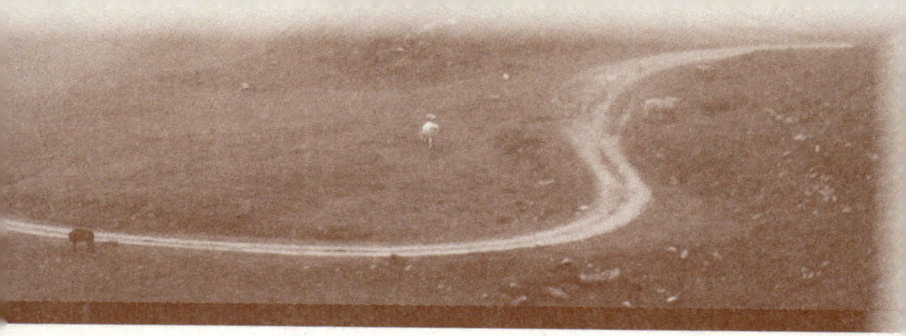

Nirgends bist du
so allein mit Gott
wie tief im Schmerz.

Margarete Seemann

Der Schmerz macht,
dass wir die Freuden fühlen,
so wie das Böse macht,
dass wir das Gute erkennen.

Ewald Christian von Kleist

6. WOCHE *Schmerzvolle Wege*

Als ich meinen Schmerz
auf den Acker der Geduld
pflanzte, brachte er die Frucht
des Glücks hervor.

Khalil Gibran

Der ist nicht einsam,
der noch Schmerzen fühlt.

Ludwig Tieck

7. WOCHE *Trost im Schmerz*

Weinen lindert
die Tiefe des Schmerzes.

William Shakespeare

Bei Gott allein
kommt meine Seele
zur Ruhe.

Psalm 62

7. WOCHE *Trost im Schmerz*

Verlust ist nichts anderes als Verwandlung.

Marc Aurel

Wo die Stille mit dem
Gedanken Gottes ist,
da ist nicht Unruhe
noch Zerfahrenheit.

Franz von Assisi

Jeder Tod hinterlässt eine Schürfwunde,
und jedes Mal,
wenn ein Kind vor Freude lacht,
vernarbt sie.

Elie Wiesel

Denn man kann großen und tiefen Schmerz haben und sich doch darum nicht unglücklich fühlen, da man diesen Schmerz so mit dem eigensten Wesen verbunden empfindet, dass man ihn nicht trennen möchte von sich, sondern gerade, indem man ihn innerlich nährt und hegt, seine wahre Bestimmung findet.

Alexander von Humboldt

Noch kann ich es nicht fassen,
was deine Schickung meint;
doch will ich dich nicht lassen,
wie auch mein Auge weint.
Auf deine Liebe trauen
will ich, mein Herr und Gott,
und gläubig aufwärts schauen
in meiner Herzensnot ...

Siebenbürgen vor 1895

... Gib, dass mit dir ich lebe,
o mein Herr Jesu Christ,
dass nur nach dem ich strebe,
was gut und heilsam ist.
Lass auch in allem Leide
mit dir mich sein vereint,
bis mir zur ewgen Freude
die Gnadensonne scheint ...

Siebenbürgen vor 1895

... Zuletzt lass mich auch scheiden
mit dir, o Gottessohn;
nach Erdenglück und Leiden
führ mich zum Himmelsthron;
führ mich zu Freud und Wonne
der Seligen im Licht.
Du meine Lebenssonne,
mein Gott, verlass mich nicht!

Siebenbürgen vor 1895

Man kann sein Schicksal
weder voraussehen noch ihm
entgehen;
doch man kann es annehmen.

Christine von Schweden

Nimm dein Schicksal an –
es ist der Weg Gottes
zu deiner Seele.

Jüdisches Sprichwort

Alle Wege haben ein Ende,
ein frühes oder spätes Ziel.
Drum falt' im tiefsten Schmerz die Hände
und sprich in Demut: Wie Gott will.

Kohelet

Heiliger Herre Gott,
heiliger starker Gott,
heiliger barmherziger Heiland,
du ewiger Gott:
Lass uns nicht versinken
in des bittern Todes Not.
Kyrie eleison.

Verstehen kann man das Leben
nur rückwärts,
leben muss man es vorwärts.

Soren Kierkegaard

9. WOCHE *Leidvolle Erfahrung*

Wende dein Gesicht zur Sonne,
und deine Schatten fallen hinter dich.

Äthiopisches Sprichwort

Vielleicht heißt ‚leiden'
nichts anderes,
als ein tieferes
Leben führen.

Alexandre Rodolphe Vinet

9. WOCHE *Leidvolle Erfahrung*

Nicht die Freuden,
sondern die Leiden
verbergen die Leere
des Lebens.

Jean Paul

Leidvolle Erfahrung 9. WOCHE

Kein Leid ist sinnlos.
Immer gründet es in der
Weisheit Gottes.

Augustinus

9. WOCHE *Leidvolle Erfahrung*

Durch das Leid hindurch,
nicht am Leid vorbei,
geht der Weg zur Freude.

Karl Barth

Nahe ist der Herr
den zerbrochenen Herzen,
er hilft denen auf,
die zerknirscht sind.

Psalm 34,19

9. WOCHE *Leidvolle Erfahrung*

Kein irdisches Band ist ganz
unser Eigen,
solange das Leid es nicht
berührt hat.

Bjornstjerne Bjornson

Man lindert seine Leiden,
indem man sie erzählt.

Pierre Corneille

Lerne zu leiden, ohne zu klagen,
das ist das Einzige, was ich lehren kann.

Friedrich der Große

Das Leiden ist,
von der einen Seite betrachtet,
ein Unglück und,
von der anderen betrachtet,
eine Schule.

Samuel Smiles

Neu und freier
wird das Herz
durch besiegte Leiden.

Johann Gottfried von Herder

Nur durch Leiden und Gram
erlernen wir jene Weisheit,
die man nicht
aus Büchern kennt.

Aus Japan

Glück tut gut,
aber Leid
lässt die Seele wachsen.

Ludwig Uhland

Wir müssen unser Gleichgewicht behalten, die Leiden, über die wir doch nichts vermögen, nicht übertreiben und dafür sorgen, dass wir die Freuden, die das Schicksal uns noch bieten kann, nicht zurückweisen.

Johann Wolfgang von Goethe

Wenn Leben überhaupt
einen Sinn hat,
muss auch Leiden einen
Sinn haben.
Es kommt nicht darauf an,
was man leidet,
sondern wie man es
auf sich nimmt.

Viktor Frankl

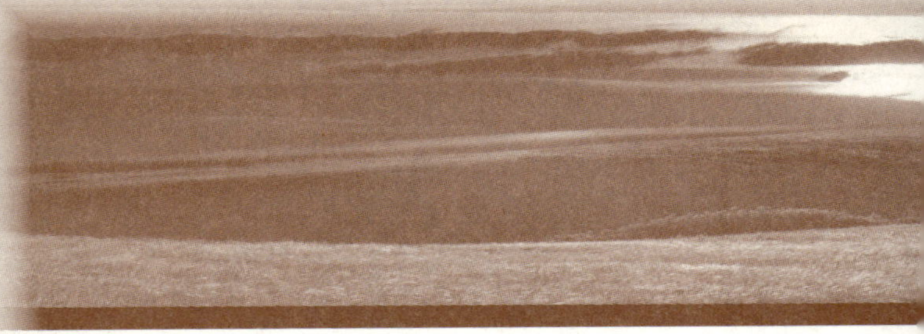

Suche in deinen Leiden
die Bedeutung,
die sie für dein geistiges
Gedeihen haben,
und die Bitterkeit deiner Leiden
ist vergessen.

Leo Tolstoi

11. WOCHE *Wege durch das Leid*

Entweder
wirst du vor Leid bewahrt,
oder es wird dir ausreichend
Kraft gegeben, um es zu tragen.
Sei also in Frieden und lege alle
ängstlichen Gedanken
und Vorstellungen beiseite.

Franz von Sales

Wirf deine Sorge auf den Herrn,
er hält dich aufrecht!

11. WOCHE *Wege durch das Leid*

Gott hilft uns nicht immer
am Leiden vorbei,
aber er hilft uns hindurch.

Johann Albrecht Bengel

Wisse,
dass es kein Leid gibt,
dem nicht Freude folgte,
kein Unglück,
das nicht irgendein Glück
nach sich zöge.

Aus Persien

Ich weiß,
dass ich jemanden in meiner
Nähe habe, dem ich rückhaltlos
vertrauen kann, und das ist
etwas, was Ruhe und Kraft gibt.

Edith Stein

Befiehl du deine Wege
und was dein Herze kränkt
der allertreusten Pflege
des, der den Himmel lenkt.
Der Wolken, Luft und Winden
gibt Wege, Lauf und Bahn,
der wird auch Wege finden,
da dein Fuß gehen kann.

Paul Gerhardt

Wir wollen nicht trauern,
dass wir sie verloren haben,
sondern dankbar sein dafür,
dass wir sie gehabt haben,
ja auch jetzt noch besitzen.

Hieronymus

Der Tod ist nur
die uns zugewendete
Seite jenes Ganzen,
dessen andere Seite
Auferstehung heißt.

Romano Guardini

Der hat noch immer
Trost gefunden,
der ihn zu suchen
war bereit.

Friedrich Julius Hammer

Wer tröstet uns? Das Hoffen!
Wie gut ist's, Christi sein!
Man sieht den Himmel offen
und nicht das Grab allein.

Philipp Friedrich Hiller

Du gingst mit leiser Spur,
ein flüchtiger Gast im Erdenland;
Woher? Wohin? Wir wissen nur:
Aus Gottes Hand in Gottes Hand.

Ludwig Uhland

Die Blätter fallen, fallen wie von weit,
als welkten in den Himmel ferne Gärten;
sie fallen mit verneinender Gebärde.
Und in den Nächten fällt die schwere Erde
aus allen Sternen in die Einsamkeit...

Rainer Maria Rilke

... **W**ir alle fallen. Diese Hand da fällt.
Und sieh dir andre an: es ist in allen.
Und doch ist Einer, welcher dieses Fallen
unendlich sanft in seinen Händen hält.

Rainer Maria Rilke

Der Gedanke
an die Vergänglichkeit
aller irdischen Dinge
ist ein Quell
unendlichen Trostes.

Marie von Ebner-Eschenbach

Nichts tröstet mächtiger
als die Gewissheit,
mitten im Elend
von der Liebe Gottes
umfangen zu werden.

Johannes Calvin

Wie unvorstellbar gut
und tröstlich ist es,
einen Bruder zu haben,
der sein Leben gibt
für seine Schafe
und den Vater bittet:
Bewahre in deinem Namen,
die du mir gegeben hast.

Franz von Assisi

Es gibt nichts auf Erden,
kein Unglück, keine Sorge, kein Elend,
das größer ist als der Trost,
der von Christus kommt.

Albert Schweitzer

Wir wissen,
dass Gott bei denen,
die ihn lieben,
alles zum Guten führt,
bei denen,
die nach seinem ewigen Plan
berufen sind.

Römer 8,28

Du kannst nicht tiefer fallen
als nur in Gottes Hand,
die er zum Heil uns allen
barmherzig ausgespannt …

Arno Pötzsch

... **E**s münden alle Pfade
durch Schicksal, Schuld und Tod
doch ein in Gottes Gnade
trotz aller unsrer Not ...

Arno Pötzsch

14. WOCHE *Trost bei Gott*

... **W**ir sind von Gott umgeben
auch hier in Raum und Zeit
und werden in ihm leben
und sein in Ewigkeit.

Arno Pötzsch

Du umschließt mich von allen Seiten
und legst deine Hand auf mich.

Psalm 139,5

14. WOCHE *Trost bei Gott*

Gott kennt dein Gestern.
Gib ihm dein Heute.
Er sorgt für dein Morgen.

Ernst Modersohn

Kein Trostwort ist so stark,
den großen Schmerz zu mindern,
Gott und die Zeit allein vermögen,
ihn zu lindern.

Ich hebe meine Augen auf zu den Bergen:
Woher kommt mir Hilfe?
Meine Hilfe kommt vom Herrn,
der Himmel und Erde gemacht hat.

Psalm 121,1-2

Bei Gott allein
kommt meine Seele zur Ruhe;
denn von ihm kommt meine Hoffnung.
Nur er ist mein Fels,
meine Hilfe, meine Burg;
darum werde ich nicht wanken.

Psalm 62,6–7

Nebel, stiller Nebel über Meer und Land.
Totenstill die Watten, totenstill der Strand.
Trauer, leise Trauer deckt die Erde zu.
Seele, liebe Seele, schweig und träum
auch du.

Christian Morgenstern

Menschen zu finden,
die mit uns fühlen
und empfinden,
ist wohl das schönste
Glück auf Erden.

Carl Spitteler

Wenn die Schwermut
dich überfällt,
so sprich mit Freunden
über Dinge,
an denen du Freude hast.

Martin Luther

Es kann nicht immer sein,
dass Gott alle Angst von uns nimmt,
aber das kann immer möglich werden,
dass wir in Angst getröstet werden.

Christoph Blumhardt

Ein verwundet Herz
hat keinen
bessern Trost als eine
mitfühlende Seele.

Gottfried Keller

Leg alles still in Gottes Hände,
das Glück, den Schmerz,
den Anfang und das Ende.

Eduard Mörike

Die Zeit heilt nicht alle Wunden,
sie lehrt uns nur, mit dem
Unbegreiflichen zu leben.

Kommt alle zu mir, die ihr euch plagt
und schwere Lasten zu tragen habt.
Ich werde euch Ruhe verschaffen.
Nehmt mein Joch auf euch
und lernt von mir;
denn ich bin gütig
und von Herzen demütig;
so werdet ihr Ruhe finden für eure Seele.

Matthäus 11,28–29

Kein Tod ist in der Schöpfung,
sondern Verwandlung;
Verwandlung nach dem weisesten
besten Gesetz der Notwendigkeit,
nach welchem jene Kraft
im Reiche der Veränderungen
sich immer wirkend erhalten will
und also durch Anziehen und Abstoßen,
durch Freundschaft und Feindschaft ihr
organisches Gewand unaufhörlich ändert.

Johann Gottfried Herder

Einzig Gott, unser Herr,
kann der Seele Trost geben.

Ignatius von Loyola

Mag sein Lebensalter
unvollendet geblieben sein,
sein Leben ist vollendet.

Seneca

Wenngleich
die geschaffenen Wesen
vergänglich sind:
Niemals werden sie
in das Nichts zurücksinken.

Thomas von Aquin

Mit dem Tod eines Menschen
müssen wir etwas
Kostbares zurückgeben,
das uns Gott nur geliehen hat.

Der Engel Gottes sei in dir,
um dich zu trösten,
wenn du traurig bist.

Irischer Segenswunsch

Des Menschen Herz plant seinen Weg,
doch der Herr lenkt seinen Schritt.

Sprichwörter 16,9

Der Schmerz ist ein heiliger Engel,
und durch ihn sind mehr Menschen
größer geworden
als durch alle Freuden der Welt.

Adalbert Stifter

Mögest du auf deinem Wege
Freunde finden,
die Führung der Engel
und das Geleit der Heiligen.

Irischer Segenswunsch

Denn er befiehlt seinen Engeln,
dich zu behüten auf all deinen Wegen.
Sie tragen dich auf ihren Händen,
damit dein Fuß nicht an einen Stein stößt.

Psalm 91,11-12

Ich werde einen Engel schicken,
der dir vorausgeht.
Er soll dich auf dem Weg schützen und
dich an den Ort bringen,
den ich bestimmt habe.
Achte auf ihn und hör auf seine Stimme!

Exodus 23,20–21a

Der Herr, unser Gott,
hat uns behütet auf dem ganzen Wege,
den wir gezogen sind.

Josua 24,17

Siehe, um Trost
war mir sehr bange.
Du aber hast dich meiner Seele
herzlich angenommen.

Jesaja 38,17

Und wenn du dich getröstet hast,
wirst du froh sein, mich gekannt zu haben.
Du wirst immer mein Freund sein.
Du wirst dich daran erinnern,
wie gerne du mit mir gelacht hast.

Antoine de Saint-Exupéry

Der du verzagst,
dass deine Menschenbahn
nur einem Tropfen gleicht im Ozean,
lass dir es doch zu deinem Troste sagen,
dass es nur Tropfen sind,
die Eisenschiffe tragen.

Albert Roderich

Beim Tode
eines geliebten Menschen
schöpfen wir eine Art Trost
aus dem Glauben,
dass der Schmerz
über unseren Verlust
sich nie vermindern wird.

Marie von Ebner-Eschenbach

Tröste dich, die Stunden eilen,
und was all dich drücken mag,
auch das Schlimmste kann nicht weilen,
und es kommt ein anderer Tag ...

Theodor Fontane

... In dem ewigen Kommen
und Schwinden
wie der Schmerz, liegt auch das Glück.
Und auch heitere Bilder finden
ihren Weg zu dir zurück ...

Theodor Fontane

... **H**arre, hoffe. Nicht vergebens
zählest du der Stunden Schlag.
Wechsel ist das Los des Lebens,
und es kommt ein anderer Tag.

Theodor Fontane

Wenn du weinen kannst,
so danke Gott.

Johann Wolfgang von Goethe

Im Garten der Zeit
wächst die Blume des Trostes.

Aus Rumänien

Nur in der Träne des Schmerzes
spiegelt sich der Regenbogen
einer besseren Welt.

Christian Friedrich Hebbel

Der Regenbogen der Seele
ist aus Tränen gemacht.

Perlen bedeuten Tränen.

Gotthold Ephraim Lessing

Der Glaube tröstet,
wo die Liebe weint.

Paul Verlaine

Tränen haben etwas Heiliges.
Sie sind kein Zeichen von
Schwäche,
sondern von Kraft.

Washington Irving

Trösten ist eine Kunst des Herzens.
Sie besteht oft nur darin,
liebevoll zu schweigen
und schweigend mitzuleiden.

Otto von Leixner

Leben ist wie Schnee,
du kannst ihn nicht bewahren.
Trost ist,
dass du da warst,
Stunden, Monate, Jahre.

Herman van Veen

Tröste dich in deinem Leid,
das dir Gott beschieden!
Ist doch nur Vergänglichkeit
unser Los hienieden ...

Hoffmann von Fallersleben

... Eh das Leben oft beginnt,
ist es schon vergangen;
mitten in dem Leben sind
wir vom Tod umfangen ...

Hoffmann von Fallersleben

20. WOCHE *Trost des Herrn*

... **A**rm und Reich und Alt und Jung,
was sich liebt' und freute,
Hoffnung, Freud, Erinnerung
wird des Todes Beute ...

Hoffmann von Fallersleben

... Tröste dich, du liebes Herz!
Groß ist Gottes Güte,
groß und größer als dein Schmerz –
dass dich Gott behüte!

Hoffmann von Fallersleben

So ist es auf Erden:
Jede Seele wird geprüft
und wird auch getröstet.

Fjodor Dostojewski

Mit einem Bild
möchte ich etwas
Tröstliches sagen,
so wie Musik
tröstlich ist.

Vincent van Gogh

21. WOCHE *Kraft des Trostes*

Der Mensch hat nichts,
was ihn Gott ähnlicher macht
als die Güte.

Gregor von Nazianz

Ich bin bei dir,
du seiest auch noch so ferne,
du bist mir nah!
Die Sonne sinkt,
bald leuchten mir die Sterne.
O wärst du da!

Johann Wolfgang von Goethe

Gutes und Barmherzigkeit werden mir folgen mein Leben lang und ich werde bleiben im Haus des Herrn immerdar.

Psalm 23,6

Wir haben einen Gott, der da hilft,
und den Herrn, der vom Tode errettet.

Psalm 68,21

21. WOCHE *Kraft des Trostes*

Ich nehme es,
wie Gott es fügt.

Edith Stein

Wenn du
recht schwer betrübt bist,
dass du meinst, kein Mensch
auf der Welt könne dich trösten,
so tue jemand etwas Gutes,
gleich wird's besser sein.

Peter Rosegger

Du bist ein Schatten am Tage
und in der Nacht ein Licht;
du lebst in meiner Klage
und stirbst im Herzen nicht.

Friedrich Rückert

Wo ich mein Zelt aufschlage,
da wohnst du bei mir dicht;
du bist mein Schatten am Tage
und in der Nacht mein Licht.

Friedrich Rückert

Wo ich auch nach dir frage,
find' ich von dir Bericht,
du lebst in meiner Klage
und stirbst im Herzen nicht.

Friedrich Rückert

Du magst denjenigen vergessen,
mit dem Du gelacht hast,
aber nie denjenigen,
mit dem Du geweint hast.

Khalil Gibran

Selig die Toten, die im Herrn sterben,
von jetzt an;
ja, spricht der Geist,
sie sollen ausruhen von ihren Mühen;
denn ihre Werke begleiten sie.

Offenbarung 14,13

Gepriesen sei der Gott
und Vater Jesu Christi,
unseres Herrn,
der Vater des Erbarmens und der
Gott allen Trostes ...

2 Korinther 1,3–4

... Er tröstet uns
in all unserer Not,
damit auch wir die Kraft haben,
alle zu trösten, die in Not sind,
durch den Trost,
mit dem auch wir
von Gott getröstet werden.

2 Korinther 1,3–4

Trauer kann man nicht sehen,
nicht hören, kann sie nur fühlen.
Sie ist ein Nebel, ohne Umrisse.
Man möchte diesen Nebel packen
und fortschieben,
aber die Hand fasst ins Leere.

Es singt das Lied der Liebe,
die Trauer des Wissens spricht,
des Verlangens Schwermut flüstert,
und der Schmerz der Armut weint...

Khalil Gibran

... **D**och gibt es eine Trauer,
die tiefer ist als Liebe,
erhabener als Wissen,
stärker als das Verlangen
und bitterer als die Armut.
Sprachlos ist sie und stumm, doch
glitzern ihre Augen wie die Sterne.

Khalil Gibran

Er wird alle Tränen
von ihren Augen wegwischen:
Der Tod wird nicht mehr sein,
keine Trauer, keine Klage,
keine Mühsal.
Denn was früher war,
ist vergangen.

Offenbarung 21,4

Traurig sein ist etwas Natürliches,
vielleicht ein Atemholen zur Freude.

Paula Modersohn-Becker

Meine Seele, warum bist du so betrübt
und bist so unruhig in mir?
Harre auf Gott;
denn ich werde ihm noch danken,
meinem Gott und Retter,
auf den ich schaue.

Psalm 42,2-6

Es gibt viel Trauriges in der Welt und viel Schönes - manchmal scheint das Traurige mehr Gewalt zu haben, als man ertragen kann, dann stärkt sich indessen leise das Schöne und berührt wieder unsere Seele.

Hugo von Hofmannsthal

Weicht, ihr Trauergeister,
denn mein Freudenmeister,
Jesus, tritt herein.
Denen, die Gott lieben,
muss auch ihr Betrüben
lauter Zucker sein.
Duld ich schon hier
Spott und Hohn,
dennoch bleibst Du auch im Leide;
Jesu, meine Freude.

Johann Franck

Nie erfahren wir unser Leben stärker als in großer Liebe und in tiefer Trauer.

Rainer Maria Rilke

Der Tod eines Menschen
ist wie das Zurückgeben
einer Kostbarkeit,
die uns Gott lange geliehen hat.

Selig die Trauernden;
denn sie werden getröstet werden.

Matthäus 5,4

Ich lasse dich nicht fallen
und verlasse dich nicht.

Josua 1,5b

In deine Hände lege ich
voll Vertrauen meinen Geist;
du hast mich erlöst, Herr,
du treuer Gott.

Psalm 31,6

Fürchte dich nicht,
denn ich habe dich erlöst;
ich habe dich bei deinem Namen gerufen;
du bist mein!

Jesaja 43,1

Wenn ihr mich sucht,
sucht mich in euren Herzen.
Habe ich dort eine Bleibe gefunden,
lebe ich in euch weiter.

Rainer Maria Rilke

Vom Leid werden wir nur
dadurch geheilt,
dass wir es in seiner ganzen
Tiefe erfahren.

Marcel Proust

Der Herr segne dich und behüte dich.
Der Herr lasse sein Angesicht über dich
leuchten und sei dir gnädig.
Der Herr wende sein Angesicht dir zu
und schenke dir Heil.

Numeri 6,24–26

Keinem Menschen
bleibt auf dieser traurigen Welt
Leid erspart, und nicht selten
ist es von bitterem Schmerz begleitet.
Die Zeit allein kann uns davon heilen.

Abraham Lincoln

Stilles Vertrauen heilt das Herz.

Friedrich Wilhelm Gotter

Deine Gnade soll mein Trost sein.

Psalm 119,76

Und in den dunklen Nächten
fällt die schwere Erde
aus allen Sternen in die
Einsamkeit.

Rainer Maria Rilke

Unsere Toten sind nicht abwesend,
sondern nur unsichtbar.
Sie schauen mit ihren Augen voller Licht
in unsere Augen voller Trauer.

Augustinus

Der Herr ist mein Licht und mein Heil:
Vor wem sollte ich mich fürchten?

Psalm 27,1

26. WOCHE *Hoffnung im Licht*

Ich hoffe auf das Licht,
das nach der Dunkelheit
kommen wird.

Miguel de Cervantes

Gottes Wege sind dunkel,
aber das Dunkel liegt
nur auf unseren Augen,
nicht auf unseren Wegen.

Matthias Claudius

Ein Sonnenstrahl reicht nicht hin,
um viel Dunkel zu erhellen.

Franz von Assisi

Muss ich auch wandern
in finsterer Schlucht,
ich fürchte kein Unheil;
denn du bist bei mir,
dein Stock und dein Stab
geben mir Zuversicht.

Psalm 23,4

26. WOCHE *Hoffnung im Licht*

Wir wandelten in Finsternis,
bis wir das Licht sahen.
Aber die Finsternis blieb
und es fiel der Schatten
auf unseren Weg.

Theodor Fontane

Wenn Gott
den Schatten erschaffen hat,
dann deshalb,
um das Licht hervorzuheben.

Johannes XXIII.

Gott kann das dunkle Gestern
in ein helles Morgen verwandeln.

Martin Luther King

Der Tod ist das Tor zum Licht
am Ende eines mühsam
gewordenen Weges.

Franz von Assisi

Gib uns deinen Frieden, Herr,
an dem Tag, der keinen Abend kennt.

Augustinus

Vom Schein lass mich
gelangen zum Sein;
von der Finsternis lass mich
gelangen zum Licht;
vom Tod lass mich
gelangen zum Leben!

Upanishaden

Auch das glücklichste Leben
ist nicht ohne ein gewisses Maß
an Dunkelheit denkbar;
und das Wort „Glück"
würde seine Bedeutung verlieren,
hätte es nicht seinen Widerpart
in der Traurigkeit.

Carl Gustav Jung

Endloses, raues Meer,
aber wende den Kopf,
da ist die Küste.

Aus China

Die Erinnerungen
sind gepresste Blumen im Buche
unseres Lebens.

Peter Sirius

Es heißt nicht sterben,
lebt man in den Herzen der Menschen fort,
die man verlassen muss.

Samuel Smiles

28. WOCHE *Kraft der Erinnerung*

Niemals geht man so ganz,
irgendetwas von dir bleibt hier,
es hat seinen Platz immer bei uns.

Trude Herr

Mit dem Tod eines lieben Menschen
verliert man vieles,
niemals aber die gemeinsam
verbrachte schöne Zeit.

Nach der Zeit der Tränen
und der tiefen Trauer
bleibt die Erinnerung.
Die Erinnerung ist unsterblich
und gibt uns Trost und Kraft.

Ich träume und der geliebte Mensch
ist mir nahe.
Ich erwache und bin allein,
leer ist meine Welt,
unergründlich die Tiefe, die ihn verschlang.
Aber die Liebe und Wärme
vergangener Tage weht zu mir herüber.
Fast wie ein Trost.

Weöres Sándor

Herr,
lege deine Hände auf seine Schultern.
Sprich ihm mit deiner Stimme ins Ohr.
Senke ihm deine Liebe ins Herz.
Hilf ihm zu erfüllen,
was du mit seinem Leben vorhattest.

Und immer sind irgendwo
Spuren deines Lebens, Gedanken,
Bilder, Augenblicke und Gefühle,
sie werden uns immer an dich erinnern
und dich dadurch nicht vergessen lassen.

Wenn ein so lieber Mensch stirbt,
ist er nicht wirklich tot,
sondern lebt in unseren Herzen weiter.

Es ist besser, etwas gehabt
und wieder verloren zu haben,
als nie gehabt zu haben.

Walisisches Sprichwort

Wenn die Toten nicht
in den Herzen der Lebenden
begraben sind,
solange sind sie nicht ganz gestorben.

Es gibt im Leben für alles eine Zeit;
eine Zeit der Freude, der Stille, der Trauer
und eine Zeit dankbarer Erinnerung.

Begrenzt ist das Leben,
doch unendlich ist die Erinnerung.

Menschen begleiten uns eine Weile,
einige bleiben für immer,
denn sie hinterlassen Spuren
in unseren Herzen.

Alles geht vorüber, alles geht vorbei,
ob es schön und herzlich
oder schmerzlich sei.
Eins bleibt nur bestehen
und bleibt ewig jung
als Geschenk des Lebens:
„die Erinnerung“.

Die Erinnerung ist das einzige Paradies,
aus welchem wir nicht
vertrieben werden können.
Sogar die ersten Eltern
waren nicht darauszubringen.

Jean Paul

Der Tod nimmt
uns einen geliebten Menschen,
aber er kann uns nicht die
Erinnerung an die gemeinsame
Zeit rauben.

Die Zeit ist endlich,
die Erinnerung ist unendlich.

30. WOCHE *Wege der Erinnerung*

In der Dunkelheit der Trauer
leuchten die Sterne der Erinnerung.

Michael Plener

Der betrauert
die Toten würdig,
welcher nach
ihrem Wunsche lebt.

Edward Young

Begrabe deine Toten
tief in dein Herz hinein,
so werden sie in deinem Leben
lebendige Tote sein.

Klosterkirche Seeon/Chiemgau

Oft sind Erinnerungen ganz vortreffliche Balancierstäbe,
mit welchen man sich über die Gegenwart hinwegsetzen kann.

Theodor Mundt

Eine glückliche Erinnerung
ist vielleicht auf Erden wahrer
als das Glück.

Alfred de Musset

Führe mich in deiner Treue
und lehre mich:
denn du bist der Gott meines Heils.
Auf dich hoffe ich allezeit.

Psalm 25,5

31. WOCHE *Glück der Erinnerung*

Man liebt zweimal:
das erste Mal in der Wirklichkeit,
das zweite Mal in der Erinnerung.

Honore de Balzac

Glück der Erinnerung 31. WOCHE

Das Bewusstsein eines erfüllten Lebens und die Erinnerung an viele gute Stunden sind das größte Glück auf Erden.

Marcus Tullius Cicero

31. WOCHE *Glück der Erinnerung*

Wenn du an mich denkst,
erinnere dich an die Stunde,
in welcher du mich am liebsten hattest.

Rainer Maria Rilke

Der Mensch, den wir liebten,
ist nicht mehr da, wo er war,
wohl aber überall,
wo wir sind und seiner gedenken.

Augustinus

Kein Toter ist tot,
solange einer an ihn denkt,
einer ihn liebt.

Johannes Mario Simmel

Was ein Mensch an Gutem
in die Welt hinausgibt,
geht nicht verloren.

Albert Schweitzer

Der Tod hat nicht das letzte Wort.
Gott will, dass wir Leben haben in Fülle.

Auch das ist Kunst, ist Gottesgabe:
Aus ein paar sommerlichen Tagen
sich so viel Licht ins Herz zu tragen,
dass, wenn der Sommer längst verweht,
das Leuchten immer noch besteht.

Johann Wolfgang von Goethe

Die Zeit hat Anfang und Ende.
Auch das Leben hat seine Zeit:
Zeiten der Liebe, der Freude,
des Schmerzes, der Angst.
Uns bleibt noch die Zeit
der Erinnerung.

Ach schrittest du durch den Garten,
noch einmal im raschen Gang,
wie gerne wollt ich warten,
warten stundenlang.

Theodor Fontane

Und wie auf dunkler Wolke
der schweigende,
der schöne Bogen blühet,
ein Zeichen ist er künft'ger Zeit,
ein Angedenken seliger Tage,
die einst gewesen.

Friedrich Hölderlin

Wenn Jesus
– und das ist unser Glaube –
gestorben und auferstanden ist,
dann wird Gott durch Jesus
auch die Verstorbenen
zusammen mit ihm zur Herrlichkeit führen.

1 Thessalonicher 4,13–14

33. WOCHE *Lebendige Erinnerung*

Was gut gepflanzt ist,
wird nicht ausgerissen.
Was treu bewahrt wird,
geht nicht verloren.
Wer sein Gedächtnis
Söhnen und Enkeln hinterlässt,
hört nicht auf.

Laotse

Schöne Tage...
nicht weinen,
dass sie vergangen,
sondern lächeln,
dass sie gewesen.

Rabindranath Tagore

Wir haben in den trübsten Stunden ein Heilmittel zur Hand: das Denken an eine geliebte Menschenseele.

Otto von Leixner

Wenn durch einen Menschen
ein wenig mehr Liebe und Güte,
ein wenig mehr Licht und Wahrheit
in der Welt war,
dann hat sein Leben einen Sinn gehabt.

Alfred Delp

Das Grab
hütet das Vergängliche –
die Seele bewahrt,
was das Leben verschenkte.

Erich Limpach

Man kann im Leben nicht immer,
wie man will;
wo man sich am stärksten
verbunden fühlt,
muss man auseinandergehen,
aber die Erinnerungen bleiben,
und man erinnert sich –
dunkel wie in einem Spiegel –
der fernen Freunde.

Vincent van Gogh

33. WOCHE *Lebendige Erinnerung*

Es gibt einen Gedanken,
der uns die Bitterkeit des Todes
zu mildern vermag:
der Gedanke,
dass nach unserem Hinscheiden
noch Menschen an dem,
was wir schufen,
Freude haben.

Johann von Cottendorf

Es gibt Menschen, die wir in der
Erde begraben; aber andere,
die wir besonders zärtlich lieben,
sind in unser Herz gebettet.
Die Erinnerung an sie mischt sich
täglich in unser Tun und Trachten, ...

Honore de Balzac

... **W**ir denken an sie, wie wir atmen,
sie haben in unserer Seele eine
neue Gestalt angenommen,
nach dem zarten Gesetz der
Seelenwanderung, das im Reich
der Liebe herrscht.

Honore de Balzac

Je schöner und voller die Erinnerung,
desto schwerer ist die Trennung;
aber die Dankbarkeit verwandelt
die Erinnerung in eine stille Freude.
Man trägt das vergangene Schöne
nicht wie einen Stachel,
sondern wie ein kostbares Geschenk
in sich.

Dietrich Bonhoeffer

Kein Weg ist zu lang
mit einem Freund an deiner Seite.
Kein Weg ist zu steil mit dem
Wind der Zuversicht im Rücken.
Kein Weg ist zu dunkel mit dem
Licht der Freude im Herzen.

Jochen Mariss

Mögest du warme Worte
an einem kalten Abend haben,
Vollmond in einer dunklen Nacht
und eine sanfte Straße
auf dem Weg nach Hause.

Altirischer Segenswunsch

Mögest du Ruhe finden,
wenn der Tag sich neigt
und deine Gedanken
noch einmal die Orte aufsuchen,
an denen du heute Gutes
erfahren hast.
Auf dass die Erinnerung
dich wärmt und gute Träume
deinen Schlaf begleiten.

Altirischer Segenswunsch

Alle Erinnerungen sind noch immer da.
Du lebst weiter –
in den Herzen aller Menschen,
die du berührt hast
und denen du Gutes getan hast,
während du hier warst.

Mitch Albom

Die Bande der Liebe
werden mit dem Tod nicht
durchschnitten.

Thomas Mann

Die Liebe jedoch,
sie hört niemals auf.

1 Korinther 13,8

Ihr, die ihr mich so geliebt habt,
seht nicht auf das Leben,
das ich beendet habe,
sondern auf das, welches ich beginne.

Augustinus

Das einzige Wichtige im Leben
sind Spuren von Liebe,
die wir hinterlassen,
wenn wir ungefragt weggehen
und Abschied nehmen müssen.

Albert Schweitzer

Was man tief in
seinem Herzen besitzt,
kann man durch den Tod
nicht verlieren.

Johann Wolfgang von Goethe

Solange wir einander lieben können
und uns an dieses Gefühl der Liebe
erinnern können,
können wir sterben,
ohne jemals wirklich fortzugehen.
All die Liebe, die du geschaffen hast,
ist noch immer da.

Mitch Albom

Vielleicht bedeutet Liebe auch,
jemanden gehen zu lassen,
zu wissen, wann es Abschied
nehmen heißt,
nicht zuzulassen,
dass unsere Gefühle im Weg stehen,
was am Ende wahrscheinlich
besser ist für die, die wir lieben.

Sergio Bambaren

Wahre Liebe ist,
zu weinen mit den Weinenden,
zu lachen mit den Lachenden,
zu trauern mit den Trauernden,
sich zu freuen mit den Fröhlichen
und zu leben mit den Lebendigen.

José Ortega y Gasset

Was hilft uns überwinden?
Die Liebe.
Was lässt nicht lange weinen?
Die Liebe.
Was soll uns stets vereinen?
Die Liebe.

Johann Wolfgang von Goethe

Gott ist die Liebe ,
und wer in der Liebe bleibt,
bleibt in Gott,
und Gott bleibt in ihm.

1 Johannes 4,16b

36. WOCHE *Liebende Erinnerung*

Nur die Lücken in den Herzen
wachsen nicht zu;
wenn sie aufhören zu bluten,
blüht ein freundlicher Gedanke auf,
schöner, als je Rosen
geblüht auf einem Grabe.

Jeremias Gotthelf

Wenn einer geht ins bessere Land, entsteht wohl eine Lücke in der Welt, kleiner oder größer, je nach des Menschen Stand und Bedeutung, aber schnell ist die Lücke zugewachsen in der Welt, schneller noch, als das Gras wächst auf dem Grabe.

Jeremias Gotthelf

Wenn du traurig bist,
dann schau in dein Herz,
und du wirst erkennen,
dass du weinst um das,
was dir Freude bereitete.

Khalil Gibran

Die Liebe eines Menschen
vervielfältigt sich mit dem Tod
unter den Lebenden tausendfach,
die Liebe kannst du nicht begraben …

Uwe Seidel

... **D**u siehst es bei Jesus aus Nazaret:
Die Liebe eines Menschen
weckt die Schlafenden,
tröstet die Traurigen,
ermutigt die Hoffnungslosen...

Uwe Seidel

... **D**ie Liebe dieses Jesus
lehrt die Stummen eine neue Sprache,
ist für die Blinden neues Licht,
bringt den Lahmen das Gehen bei...

Uwe Seidel

... **V**iele von uns
haben es am eigenen Leib erfahren
und bewahren es im Herzen.

Uwe Seidel

Der Tod ist die Grenze
des Lebens,
aber nicht die Grenze
der Liebe.

37. WOCHE *Grenzenlose Liebe*

Niemand ist fort, den man liebt.
Liebe ist ewige Gegenwart.

Stefan Zweig

Die Liebe eines Menschen
kannst du nicht begraben,
sie mit Erde zuschaufeln,
wie Urnenasche in den Wind verstreuen.

Uwe Seidel

Die Liebe ist stärker als der Tod
und die Schrecken des Todes.
Allein die Liebe erhält
und bewegt unser Leben.

Iwan Turgenjew

Überall sind Spuren deiner Liebe,
Bilder, Augenblicke, Gefühle, Gedanken ...
Sie erinnern uns immer an dich.
Wir sind dankbar, dass du bei uns warst.

Auferstehung
ist unser Glaube,
Wiedersehen
unsere Hoffnung,
Gedenken unsere Liebe.

Augustinus

Lerne zu vergessen,
was nutzlos ist,
und erinnere dich mit Liebe
an alles Schöne.

Francesco Petrarca

Glücklich der Mann,
der den Hafen erreicht hat
und hinter sich ließ
das Meer und die Stürme.

Heinrich Heine

Die Liebe ist unsterblich
und der Tod nur ein Horizont
und ein Horizont ist nur
die Grenze unseres Blickes.

Aller Sinn des Lebens
ist erfüllt, wo Liebe ist.

Alles verändert sich,
aber dahinter ruht ein Ewiges.

Johann Wolfgang von Goethe

Sterben
ist nur Übergang,
ist nur Brücke,
ist nur Portal
in die unendliche Ewigkeit.

Carl Sonnenschein

Der Tod ist kein Untergang,
sondern ein Übergang:
vom Erdenwanderweg hinein
in die Ewigkeit.

Cyprian von Karthago

Das Leben ist kurz,
aber doch von unendlichem Wert,
denn es birgt
den Keim der Ewigkeit in sich.

Franz von Sales

Leben und Tod sind eins,
sowie der Fluss
und das Meer eins sind.
Traut den Träumen,
denn in ihnen ist das Tor
zur Ewigkeit verborgen.

Khalil Gibran

Mein sind die Jahre nicht,
die mir die Zeit genommen,
mein sind die Jahre nicht,
die etwa möchten kommen,
der Augenblick ist mein,
und nehm' ich den in Acht,
so ist der mein,
der Jahr und Ewigkeit gemacht.

Andreas Gryphius

Nicht das Zeitliche,
sondern das Ewige bestimmt
die Würde des Menschen.

Jean Paul

39. WOCHE *Leben in Ewigkeit*

Der Herr ist mein Hirte,
mir wird nichts mangeln.

Psalm 23,1

Alles hat seine Stunde.
Für jedes Geschehen unter dem Himmel
gibt es eine bestimmte Zeit:
eine Zeit zum Gebären
und eine Zeit zum Sterben, ...

Kohelet 3,1–4

40. WOCHE *Hoffnung in Ewigkeit*

... eine Zeit zum Pflanzen
und eine Zeit zum Abernten der Pflanzen,
eine Zeit zum Töten
und eine Zeit zum Heilen, ...

Kohelet 3,1–4

... eine Zeit zum Niederreißen
und eine Zeit zum Bauen,
eine Zeit zum Weinen
und eine Zeit zum Lachen, ...

Kohelet 3,1–4

40. WOCHE *Hoffnung in Ewigkeit*

... **e**ine Zeit für die Klage
und eine Zeit für den Tanz.

Kohelet 3,1–4

Das Leben währt ewig;
und die Liebe ist unvergänglich;
und der Tod ist nur ein Horizont;
und ein Horizont stellt nichts weiter
als die Begrenzung unseres Blickes dar.

Lass vergehen, was vergeht!
Es vergeht, um wiederzukehren,
es altert, um sich zu verjüngen,
es trennt sich, um sich inniger zu vereinen,
es stirbt, um lebendiger zu werden.

Friedrich Hölderlin

Wechselnde Pfade,
Schatten und Licht,
alles ist Gnade,
fürchte dich nicht.

Baltischer Hausspruch

Vor uns ist das Licht.
Alle Dunkelheit
wird eines Tages hinter uns sein.

Es gibt Berge,
über die man hinüber muss,
sonst geht der Weg
nicht weiter.

Aus Indien

Auch der
dunkelste Brunnen
spiegelt das Licht
der Sterne.

Aus Bulgarien

Der Kreislauf des Lebens
endet nur auf Erden,
doch das Licht leuchtet weiter
auch in den Herzen.

Glaube doch niemand,
dass die ewigen Sterne
selbst ausgelöscht seien.
Sie leuchten noch über den Wolken.
Und alles Leiden ist nur Gewölk.
Es entspinnt sich und zerrinnt.

Heinrich Daniel Zschokke

Man soll nur nie,
auch unter schmerzlichsten
Lebensverhältnissen,
an die Unmöglichkeit glauben,
dass sie sich jemals wieder heiter
gestalten können.

Heinrich Daniel Zschokke

In jedem Kelch der Trübsal,
den Gott den Menschen reicht,
ist ein Tropfen Honig;
aber man schmeckt ihn oft erst,
wenn man den Kelch
bis auf den Grund geleert hat.

Charles Haddon Spurgeon

Der Fluss
des Lebens
mündet ins Meer
der Ewigkeit.

Der Tod ist wie ein Horizont,
er ist lediglich die Grenze
unseres Sehvermögens.

Aller Tod in der Natur ist Geburt,
gerade im Sterben erscheint sichtbar
die Erhöhung des Lebens.

Johann Gottlieb Fichte

Des Menschen Seele
gleicht dem Wasser.
Vom Himmel kommt es.
Zum Himmel steigt es.
Und wieder zur Erde muss es.
Ewig wechselnd.

Johann Wolfgang von Goethe

Von dir kommt alles,
in dir lebt alles,
in dich kehrt alles zurück.

Marc Aurel

42. WOCHE *Kreislauf des Lebens*

Gegen den Schmerz der Seele
gibt es nur zwei Arzneimittel:
Hoffnung und Geduld.

Pythagoras

Trauer kann man nicht überwinden
wie einen Feind.
Trauer kann man nur verwandeln:
den Schmerz in Hoffnung,
die Hoffnung in tiefes Leben.

Sascha Wagner

Hoffnung
ist nicht die Überzeugung,
dass etwas gut ausgeht,
sondern die Gewissheit,
dass etwas Sinn hat,
egal, wie es ausgeht.

Vaclav Havel

Es kann ja nicht immer so bleiben
hier unter dem wechselnden Mond,
es blüht eine Zeit und verwelket,
was mit uns die Erde bewohnt.

August von Kotzebue

Anfangs wollt ich fast verzagen,
und ich glaubt, ich trüg es nie,
und ich hab es doch getragen,
aber frag mich nur nicht, wie.

Heinrich Heine

Man kann den Tod
eines geliebten Menschen
tief und innig beklagen
und doch in Hoffnung
weiterleben.

Theodor Fontane

Hoffen heißt:
die Möglichkeit des Guten erwarten;
die Möglichkeit des Guten ist das Ewige.

Søren Kierkegaard

Die größten Menschen sind jene,
die anderen Hoffnung geben können.

Jean Jaurès

Ich bin nicht tot,
ich tausche nur die Räume.
Ich leb' in euch
und geh' durch eure Träume.

Michelangelo

Als es aber schon Morgen wurde,
stand Jesus am Ufer.

Johannes 21,4

Gott verlangt nichts vom Menschen, ohne ihm zugleich die Kraft dafür zu geben.

Edith Stein

Der dich schuf, wird dich tragen,
auch über den Abgrund weg.

Johanna von Bismarck

Ich werde dich wiedersehen,
die ich auf Erden geliebt habe,
und jene erwarten, die mich lieben.

Antoine de Saint-Exupéry

Gott der Herr ist Sonne und Schild.

Psalm 84,12

44. WOCHE *Hoffnung in Gott*

Ich aber, Herr, vertraue dir,
ich sage: „Du bist mein Gott."
In deiner Hand liegt mein Geschick.

Psalm 31,15f

Wohin du gehst, dahin gehe auch ich,
und wo du bleibst, da bleibe auch ich.
Dein Volk ist mein Volk,
und dein Gott ist mein Gott.

Rut 1,16

Wenn unsere Kräfte langsam schwinden,
wo können wir dann Trost finden?
Wir danken dir, Herr Jesus Christ,
das du unser aller Erlöser bist.

Es ist aber der Wille dessen,
der mich gesandt hat,
dass ich keinen von denen,
die er mir gegeben hat,
zugrunde gehen lasse,
sondern dass ich sie
auferwecke am Letzten Tag.

Johannes 6,39

Bleibe bei uns Herr,
denn es will Abend werden,
und der Tag hat sich geneiget.
Bleibe bei uns und bei allen Menschen ...

Georg Christian Dieffenbach

... **B**leibe bei uns am Abend des Tages,
am Abend des Lebens,
am Abend der Welt.
Bleibe bei uns mit deiner Gnade und Güte,
mit deinem Wort und Sakrament,
mit deinem Trost und Segen ...

Georg Christian Dieffenbach

... **B**leibe bei uns,
wenn über uns kommt
die Nacht der Trübsal und Angst,
die Nacht des Zweifels
und der Anfechtung,
die Nacht des bitteren Todes.
Bleibe bei uns und
bei allen deinen Kindern
in Zeit und Ewigkeit.

Georg Christian Dieffenbach

Herr, in deinem Arm
bin ich sicher.
Wenn du mich hältst,
habe ich nichts zu fürchten.
Ich weiß nichts von der Zukunft,
aber ich vertraue auf dich.

Franz von Assisi

Falle nicht in den Abgrund
des Trübsinns,
sondern bete und vertraue,
dass Gott dich nicht verlasse,
und bald wird dir zu deiner Befreiung
die Morgenröte aufgehen.

Hildegard von Bingen

Unser Glauben an Gott bestimmt, wie wir mit unseren zerbrochenen Träumen fertig werden.

Gott trägt uns, er ist unsre Hilfe.

Psalm 68,20

Du bist nicht tot,
sondern nur untergegangen wie die Sonne.
Wir trauern nicht wie über einen,
der gestorben ist,
sondern wie über einen,
der sich vor uns verborgen hat.
Nicht unter den Toten suchen wir dich,
sondern unter den Seligen des Himmels.

Theodoret von Kyros

Das Licht helfe dir,
Kurs zu halten auf deiner Reise.
Der Wind stärke dir den Rücken.
Der Sonnenschein wärme dein Gesicht,
und der Regen falle sanft auf deine Haare.
Bis wir uns wiedersehen,
halte Gott dich geborgen
in seiner schützenden Hand.

Irischer Segen

Und so ist's mein gewisser Glaube,
dass am Ende alles gut ist
und alle Trauer nur der Weg
zu wahrer heiliger Freude ist.

Friedrich Hölderlin

Unsere Hilfe steht im Namen des Herrn,
der Himmel und Erde gemacht hat.

Psalm 124,8

Gott, zu dir rufe ich am frühen Morgen.
Hilf mir beten und
meine Gedanken sammeln;
ich kann es nicht allein ...

Dietrich Bonhoeffer

... In mir ist es finster,
aber bei dir ist Licht.
Ich bin einsam,
aber du verlässt mich nicht ...

Dietrich Bonhoeffer

... Ich bin kleinmütig,
aber bei dir ist Hilfe.
Ich bin unruhig,
aber bei dir ist Frieden ...

Dietrich Bonhoeffer

… In mir ist Bitterkeit,
aber bei dir ist die Geduld.
Ich verstehe deine Wege nicht,
aber du weißt den Weg für mich.

Dietrich Bonhoeffer

Ich suchte den Herrn
und er hat mich erhört,
er hat mich all meinen Ängsten entrissen.

Psalm 34,5

Mit dem Tode umzugehen,
ist die Schule des Glaubens.

Martin Luther

Wann willst du Glauben beweisen,
wenn nicht in der Trübsal;
Hoffnung wann auf Gott,
wenn nicht in der dunkelsten Stunde?

Johann Kaspar Lavater

Der Glaube gibt uns Kraft,
tapfer zu tragen,
was wir nicht ändern können,
und Enttäuschungen und Sorgen
gelassen auf uns zu nehmen,
ohne jede Hoffnung zu verlieren.

Gottes Macht halte dich aufrecht,
Gottes Auge schaue auf dich,
Gottes Wort spreche für dich,
Gottes Hand schütze dich.

Irischer Segenswunsch

Meine Hoffnung und meine Freude,
meine Stärke, mein Licht:
Christus, meine Zuversicht,
auf dich vertrau ich
und fürcht' mich nicht.

Gott ist dann am allernächsten,
wenn er am weitesten entfernt scheint.

Martin Luther

Sterben ist
kein ewiges Getrenntwerden,
es gibt ein Wiedersehen
an einem helleren Tag.

Kardinal Michael Faulhaber

In deinen Händen
sind meine Zeiten,
mein ganzes Leben,
alle Tage, Stunden und
Augenblicke.

Martin Luther

Lege alles still in Gottes Hände,
das Glück, das Leid,
den Anfang und das Ende.

Halten will der Mensch –
Gott fordert das Loslassen.

Hans Urs von Balthasar

49. WOCHE *Loslassen*

Wir müssen das Loslassen lernen.
Es ist die große Lektion des Lebens.

Julie Schlosser

Frieden hinterlasse ich euch,
meinen Frieden gebe ich euch;
nicht einen Frieden, wie die Welt ihn gibt,
gebe ich euch.

Johannes 14,27

49. WOCHE *Loslassen*

Aus der Begegnung
wächst die Erfahrung,
aus der Erkenntnis
wächst das Loslassen.

Eines Morgens wachst du nicht mehr auf.
Die Vögel aber singen,
wie sie gestern sangen.
Nichts ändert diesen neuen Tageslauf. –
Nur du bist fortgegangen.

Johann Wolfgang von Goethe

Der Tod zwingt uns dazu,
loszulassen.
Wo wir es schaffen,
uns dem Loslassen hinzugeben,
löst sich der Schmerz
der Trauer im Nichts auf.

Ernst Konzelmann

Sie ist nun frei
und unsere Tränen wünschen ihr Glück.

Johann Wolfgang von Goethe

Deinen Gläubigen, o Herr,
wird das Leben gewandelt,
nicht genommen.

Aus der Liturgie der Kirche

Zukunft mit Gott 50. WOCHE

Gott ist auch in der Finsternis
der Verzweiflung bei uns.
ER gibt uns die Kraft und den Mut,
trotz allem vorwärts zu gehen.

Martin Luther King

Ich weiß wohl,
was ich für Gedanken über euch habe,
spricht der Herr:
Gedanken des Friedens und nicht
des Leidens,
dass ich euch gebe Zukunft und Hoffnung.

Jeremia 29,11

Und auch ihr habt nun Traurigkeit;
aber ich will euch wiedersehen,
und euer Herz soll sich freuen,
und eure Freude soll niemand
von euch nehmen.

Johannes 16,22

Brüder, wir wollen euch
über die Verstorbenen
nicht in Unkenntnis lassen,
damit ihr nicht trauert.

1 Thessalonicher 4,13–14

Dein Reich komme,
dein Wille geschehe
wie im Himmel, so auf der Erde.

Matthäus 6,10

Befiehl dem Herrn deinen Weg
und vertrau ihm;
er wird es fügen.

Psalm 37,5

Von einem Ort aufbrechen,
auf dem Weg zu einem
anderen sein –
das ist die Geschichte
eines jeden von uns.

Henry David Thoreau

51. WOCHE *Aufbruch*

Wir haben unsere Hoffnung
auf den lebendigen Gott gesetzt,
den Retter aller Menschen.

Aus dem ersten Brief an Timotheus

Es gibt ein Bleiben im Gehen,
ein Gewinnen im Verlieren,
einen Neuanfang im Ende.

Aus Japan

51. WOCHE *Aufbruch*

Wohl dem, der gelernt hat zu ertragen,
was er nicht ändern kann,
und preiszugeben mit Würde,
was er nicht retten kann.

Friedrich von Schiller

Der Tod ordnet die Welt neu,
scheinbar hat sich nichts verändert,
und doch ist die Welt für uns
ganz anders geworden.

Johanna von Bismarck

Sende du dein Morgenlicht,
dass das Weite und das Nahe
sich küssen und
Tod und Leben sich in Liebe einen.

Tagore

Für alles, was war – Danke!
Zu allem, was sein wird. – Ja!

Dag Hammarskjöld

Von guten Mächten
treu und still umgeben,
behütet und getröstet wunderbar,
so will ich diese Tage mit euch leben
und mit euch gehen in ein neues Jahr ...

Dietrich Bonhoeffer

... **N**och will das alte
unsre Herzen quälen,
und drückt uns böser Tage schwere Last.
Ach, Herr, gib unsern
aufgeschreckten Seelen
das Heil, für das du uns geschaffen hast ...

Dietrich Bonhoeffer

... Und reichst du uns
den schweren Kelch, den bittern
des Leids, gefüllt bis an
den höchsten Rand,
so nehmen wir ihn dankbar ohne Zittern
aus deiner guten und geliebten Hand ...

Dietrich Bonhoeffer

... **D**och willst du uns
noch einmal Freude schenken
an dieser Welt und ihrer Sonne Glanz,
dann woll'n wir des Vergangenen
gedenken,
und dann gehört dir unser Leben ganz ...

Dietrich Bonhoeffer

... **L**ass warm und hell die Kerzen heute flammen,
die du in unsre Dunkelheit gebracht,
führ, wenn es sein kann, wieder uns zusammen.
Wir wissen es, dein Licht scheint in der Nacht ...

Dietrich Bonhoeffer

... **W**enn sich die Stille
nun tief um uns breitet,
so lass uns hören jenen vollen Klang
der Welt, die unsichtbar
sich um uns weitet,
all deiner Kinder hoher Lobgesang ...

Dietrich Bonhoeffer

... **V**on guten Mächten
wunderbar geborgen,
erwarten wir getrost, was kommen mag.
Gott ist bei uns am Abend und am Morgen
und ganz gewiss an jedem neuen Tag.

Dietrich Bonhoeffer

Quellenverzeichnis

Texte

Dietrich Bonhoeffer, Von guten Mächten ..., Es gibt nicht ..., Je schöner und voller die Erinnerung, Morgengebet. Erschienen in: Dietrich Bonhoeffer, Widerstand und Ergebung © 1998, Gütersloher Verlagshaus, Gütersloh, in der Verlagsgruppe Random House GmbH

Uwe Seidel, Die Liebe eines Menschen kannst du nicht begraben. Erschienen in: Hanns Dieter Hüsch/Uwe Seidel, Ich stehe unter Gottes Schutz, Seite 122, 2009/11 © tvd-Verlag Düsseldorf, 1996

Jörg Zink, Ich weiß, mein Gott ... (Auszug) . Erschienen in: Jörg-Zink, Wie wir beten können © Kreuz Verlag in der Verlag Herder GmbH, Freiburg im Breisgau, 2008, S. 169

Fotos

Seite 6/7,
370-375: © high_resolution/Fotolia.de
1. Woche: © ollirg/Fotolia.de
2. Woche: © Sergey Tokarev/Fotolia.de
3. Woche: © lunamarina/Fotolia.de
4. Woche: © Artem Sapegin/Fotolia.de
5. Woche: © Tomas Sereda/Fotolia.de
6. Woche: © Photo Passion/Fotolia.de
7. Woche: © lofik/Fotolia.de
8. Woche: © Jaroslav grudzinski/Fotolia.de
9. Woche: © jojjik/Fotolia.de
10. Woche: © Leonid Tit/Fotolia.de
11. Woche: © silver-john/Fotolia.de
12. Woche: © jojjik/Fotolia.de
13. Woche: © yalmedfa/Fotolia.de
14. Woche: © Galyna Andrushko/Fotolia.de
15. Woche: © Ivan Gulei/Fotolia.de

16. Woche: © Santorini/Fotolia.de
17. Woche: © Yuriy Kulik/Fotolia.de
18. Woche: © Dumitru Andrei/Fotolia.de
19. Woche: © Springfield Gallery/Fotolia.de
20. Woche: © Ivan Gulei/Fotolia.de
21. Woche: © jojjik/Fotolia.de
22. Woche: © wajan/Fotolia.de
23. Woche: © Netzer Johannes/Fotolia.de
24. Woche: © Malena und Philipp K/Fotolia.de
25. Woche: © Andrejs Pidjass/Fotolia.de
26. Woche: © Leonid Tit/Fotolia.de
27. Woche: © liping dong/Fotolia.de
28. Woche: © Mykola Mazuryk/Fotolia.de
29. Woche: © Jan Will/Fotolia.de
30. Woche: © silver-john/Fotolia.de
31. Woche: © Vitalez/Fotolia.de
32. Woche: © Ivan Gulei/Fotolia.de
33. Woche: © Ivan Gulei/Fotolia.de
34. Woche: © Patryk Kosmider/Fotolia.de

35. Woche: © Tjall/Fotolia.de
36. Woche: © dibrova/Shutterstock.de
37. Woche: © silver-john/Fotolia.de
38. Woche: © Yahia LOUKKAL/Fotolia.de
39. Woche: © Leonit Tit/Fotolia.de
40 Woche: © Ivan Gulei/Fotolia.de
41. Woche: © rufous/Fotolia.de
42. Woche: © JanUFotO/Fotolia.de
43. Woche: © alma scara/Fotolia.de
44. Woche: © Tomas Sereda/Fotolia.de
45. Woche: © m.schukart/Fotolia.de
46. Woche: © Trutta/Fotolia.de
47. Woche: © Ivan Gulei/Fotolia.de
48. Woche: © walshphotos/Fotolia.de
49. Woche: © Calzada/Fotolia.de
50. Woche: © silver-john/Fotolia.de
51. Woche: © Ivan Gulei/Fotolia.de
52. Woche: © wajan/Fotolia.de

Wir danken den genannten Rechteinhabern für die freundliche Erteilung der Abdruckgenehmigung. Der Verlag hat sich bemüht, alle Rechteinhaber in Erfahrung zu bringen. Für zusätzliche Hinweise sind wir dankbar.

Bibliografische Information der Deutschen Nationalbibliothek
Die Deutsche Nationalbibliothek verzeichnet diese Publikation in der Deutschen Nationalbibliografie; detaillierte bibliografische Daten sind im Internet unter http://dnb.d-nb.de abrufbar.

Besuchen Sie uns im Internet:
www.st-bennno.de

ISBN 978-3-7462-3173-0

Stammerstr. 11, 04149 Leipzig
Zusammenstellung: Volker Bauch, Leipzig
Umschlaggestaltung: Ulrike Vetter, Leipzig
Umschlagabbildung: © Andrejs Pidjass/Fotolia.de
Gesamtherstellung: Kontext, Lemsel (A)